AF297102

J'ai les bras étendus et le côté ouvert
pour recevoir les pécheurs.

ABÉCÉDAIRE

DES ÉCOLES

CHRÉTIENNES.

Avec Figures.

A TOURNAY,

Chez D. Casterman, Imprimeur,

coin de la rue des Tanneurs.

(352)

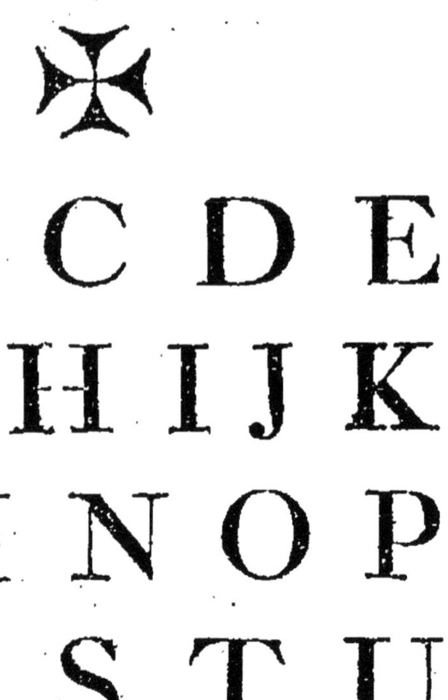

A B C D E
F G H I J K
L M N O P
Q R S T U
V W X Y Z
Æ Œ

✠

A B C D E
F G H I J K
L M N O P
Q R S T U
V W X Y Z
Æ Œ

a b c d e f g
h i j k l m n
o p q r s t u
v w x y z

a b c d e f g
h i j k l m n
o p q r s t u
v w x y z z

A B C D E F G H
I J K L M N O P
Q R S T U V W X
Y Z

A B C D E F G H
I J K L M N O P
Q R S T U V W X
Y Z

a b c d e f g h i j k l
m n o p q r s t u v
w x y z

---

a b c d e f g h i j k
l m n o p q r s t u
v w x y z

---

p t d n i m h u k v w j c
l w b q e f s d j n a f b
k e l o q x t g y u v a z
m y r s h i o c z r g p x

a e i ou y o u
ba be bi bo bu
ca ce ci co *cu*
da de di do du
fa fe fi fo fu
ga ge gi go gu
ha he hi ho hu
ja je ji jo ju
ka ke ki ko ku

la le li lo lu

ma me mi mo

mu

na ne ni no nu

pa pe pi po pu

qua que qui

quo qu

ra re ri ro ru

sa se si so su

ta te ti to tu

va ve vi vo vu

xa xe xi xo xu

za ze zi zo zu

Pa pa.
Ma man.
Jou jou.
Bon bon.

Jar din.

Rai sin.

Poi re.

Sé rin.

Cha peau.

Bon net.

Cou teau.

Voi sin.

Bé guin.

A bat tu.
A bo lir.
Ba bil lard.
Ba di ner.
Ca ba ne.
Fan tai sie.
Im pos tu re.
Ju di ci eu se.
Ki ri el le.

De Dieu.

Dieu a tou jours é té et se ra tou jours.

Il a cré é le Ciel et la Ter re de rien.

Il est le sou ve rain Sei gneur de tou tes cho ses.

Il voit tout. Il sait tout. Il est par tout , et nous ne pou vons le voir , par ce que c'est un pur es prit.

Sacremens.

Bap tê me. Con fir-
ma ti on. Eu cha ris tie.
Pé ni ten ce. Ex trê me-
onc ti on. Or dre. Ma-
ri a ge.

~~~~~~~~~~~~~~~~~~~~~~~~

Péchés Capitaux.

Or gueil. A va ri ce.
Lu xu re. En vie. Gour-
man di se. Co lè re. Pa-
res se.
~~~~~~~~~~~~~~~~~~~~~~~~

MYSTÈRE

de la Sainte Trinité.

———

Il n'y a qu'un seul Dieu en trois personnes, qu'on nomme le Père, le Fils et le Saint-Esprit.

Ces trois personnes ensemble ne font qu'un seul Dieu, et sont égales en toutes choses.

MYSTÈRE
de l'Incarnation.

———

La se con de per-
son ne de la Sain te
Trini té, ap pe lée Dieu

le Fils , s'est fait Homme ; c'est-à-di re qu' il a pris un corps et une ame com me les nô tres.

Il est Dieu et Hom me tout en sem ble , et se nom me Jé sus-Christ.

MYSTÈRE
de la Rédemption.

—

Dieu le Fils s'est fait
Hom me pour nous ra-
che ter de l'En fer que

nous a vons mé ri té par le pé ché de no tre premier Pè re A dam.

Il est mort pour nous sur u ne Croix , et a ré pan du jus qu'à la der niè re gout te de son sang.

Il est mort le jour du Ven dre di - saint.

Il est res sus ci té le jour de Pâ ques.

DE L'ÉGLISE.

Pen dant qua ran te jours a près sa Ré sur rec ti on , notre Sei gneur Jé sus - Christ ins trui sit ses Dis ci ples.

Il monta au Ciel le jour de l'Ascension, et envoya le Saint Esprit pour éclairer son Eglise et la remplir de ses grâces.

L'Eglise est la Société des Fidèles répandus sur toute la Terre, et soumis aux légitimes Pasteurs.

Notre Seigneur Jésus-Christ en est le

Chef in vi si ble et le Pa pe , suc ces seur de Saint - Pier re en est le Chef vi si ble

L'E gli se est U ne , Sain te , Ca tho li que , A pos to li que et Ro mai-ne ; el le est ré pan due sur tou te la ter re , et sub sis tera tou jours , jus qu'à la fin du mon-de.

Elle est la seu le a nimée du Saint-Esprit, et par conséquent infaillible et exempte de toute erreur.

Hors de l'Eglise il n'y a point de salut.

JÉSUS - CHRIST.

—

Représentez - vous ,
mon cher Enfant , cette
Victime du genre hu-
main , attaché sur ce

lit de douleur, et versant jusqu'a la dernière goutte de son sang pour notre salut.

Que cette vue vous inspire une tendre reconnoissance pour un Dieu-Sauveur, qui s'est livré lui-même à tant de douleur et à une mort si cruelle pour nous racheter.

LA Ste VIERGE.

On ne sauroit se for-
mer une idée assez hau-
te de cette Sainte Mère
du Sauveur.

D'abord elle a été chargée avec Saint Joseph du soin d'élever notre Seigneur Jésus-Christ, elle y apporta une très-grande vigilance.

Puis quand elle fut déchargée de ces soins à la mort de son fils, elle s'occupa entièrement de la gloire de Dieu dans le Ciel, et de l'édification de son Eglise sur la Terre.

St. JOSEPH.

—

Saint Joseph, époux de la Sainte Vierge, était de la famille de David. L'éclat de cette maison était tombée depuis long-tems, aussi ne faut-il pas être étonné que Saint-Joseph fut réduit à gagner sa vie par le travail de ses mains : il exerça le métier de Charpentier à Naza-reth.

Il fut choisi de Dieu pour être l'époux de la Sainte Vierge et le nouricier de l'enfant Jésus.

Étant allé avec la Sainte Vierge à Béthléem pour s'y faire inscrire, ils y logèrent dans une étable ; ce fut là que le roi du Ciel et de la Terre, voulut naître.

Saint Joseph, averti par un ange qu'Hérode allait chercher Jésus pour le tuer, il l'emmena en Egypte avec sa mère ; après la mort d'Hérode il les ramena à Nazareth.

On croit que Saint Joseph mourut avant Jésus-Christ.

St. PIERRE.

Saint Pierre , prince des apôtres , fils de Jonas et frère de Saint André , naquit à Bethsaïde ; son premier nom était Simon ; mais le Sauveur lui donna celui de *Pierre* en disant *qu'il bâtiroit sur cette Pierre son Eglise, et que l'enfer ne la renverseroit jamais.*

C'est ce qui a donné lieu , à honorer d'une manière toute particulière les trois sièges que cet apôtre a fondé ; sa voir : celui d'Antioche ; celui d'Aléxandrie , et celui de Rome qu'il a rendu célèbre par son martyre.

Saint Pierre assista à la dernière Cêne , et fut le premier à qui Jésus-Christ lava les pieds ; il se trouva dans le jardin des Olives , quand les Soldats l'arrêtèrent ; et , transporté de zèle pour notre Seigneur, il coupa l'oreille à Malchus, serviteur du Grand-Prêtre Cahïphe, chez lequel il suivit Jésus-Christ; ce fut là qu'il renia trois fois son maître, et qu'ayant entendu le coq chanter, il sortit de la Salle et pleura son péché.

Saint Pierre, après avoir reçu de Jésus-Christ, l'ordre de précher l'évangile , exécuta sa mission avec tant de force , qu'il convertit plusieurs milliers de personnes à la fois.

Les Payens furent tellement irrités contre lui à cause de ses prédications et de ses nombreux miracles , qu'il fut martyrisé sous le règne du barbare Néron ; on le crucifia la tête en bas

comme il l'avoit deman-
dé, de peur qu'on ne
croit qu'il affectoit la
gloire de Jésus-Christ,
s'il eut été crucifié comme lui.

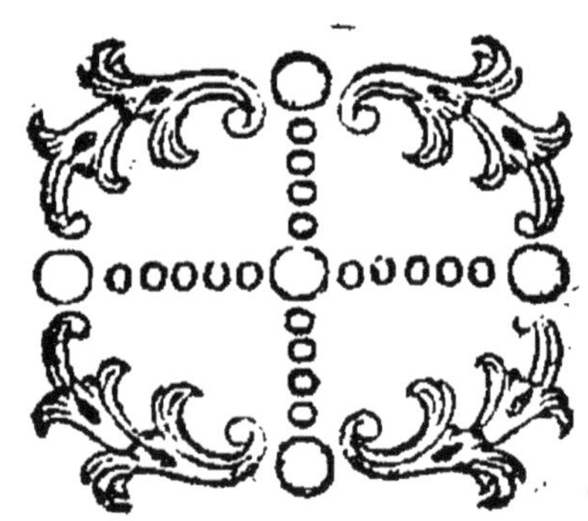

Sᴛ. PAUL.

—

Saint Paul , Apô-
tre, nommé auparavant
Saül, étoit né à Thar-
se , ville de Cilicie.

Son père qui étoit Pharisien l'envoya à Jérusalem, où il fut élevé et instruit, dans la loi par Gamaliel ; il puisa dans la secte des Pharisiens une haine violente contre le Christianisme : il aida même à la lapidation de Saint Etienne, enfin il s'était ouvertement déclaré ennemi des disciples de Jésus-Christ.

Il obtint des lettres du Grand-Prêtre des Juifs, pour aller à Damas se saisir de tous les chrétiens, et les mener chargés de chaînes à Jérusalem, mais dans le chemin il fut tout-à-coup frappé d'un éclat de lumière qui le renversa.

Il entendit en même tems la voix du Seigneur qui lui dit : *Saül, Saül, pourquoi me persécu-tez-vous ?*

Cette voix le fit rentrer en lui-même.

Il se fit baptiser à Damas , et prêcha aussitôt l'évangile avec un zèle admirable , en Arabie , à Jérusalem , à Césarée , à Tarse et autres endrois célèbres , où il fit une infinité de miracles. On peut le regarder avec St. Pierre comme les principales colonnes de l'Eglise; aussi, que n'ont-ils pas fait pour son établissement! combien ont-ils fait demiracles ! combien ont-ils souffert de persécutions !

Enfin , Saint Paul consomma son martyre l'an 66 de Jésus-Christ: il eut la tête tranchée par l'ordre de Néron.

St. JEAN - B.te

Lorsqu'Hérode étoit roi de Judée, il y avoit un homme nommé Zacharie, qui, avec sa femme, servoient Dieu d'une manière irrépréhensible. Ils étoient âgés et n'avoient point d'enfant; mais l'ange Gabriël vint lui annoncer, dans le temple, qu'il auroit un fils, et qu'on le nommeroit Jean ; Zacharie n'y ajouta pas foi, c'est pourquoi il perdit l'usage de la parole jusqu'à la naissance de son fils.

Enfin cet enfant naquit : on le circoncit huit jour après sa naissance et fut nommé Jean.

Dès qu'il fut capable il quitta le monde pour vivre dans le désert, il se nourrissoit de sauterelles, et de miel sauvage, étoit vêtu de poils de chameau, et une ceinture de cuir lui serroit les reins.

Saint Jean prêcha la pénitence sur les bords

du Jourdain, donnoit à tous ceux qui le venoient trouver, les instructions nécessaires selon leur état, et baptisoit ceux qui avaient du repentir de leurs péchés. Ce fut lui qui baptisa notre Seigneur.

Hérode ne pouvant souffrir Saint Jean, à cause qu'il lui reprochoit le crime qu'il avait fait en enlevant Hérodiade femme de son frère le fit mettre en prison.

Un jour qu'Hérode donna un festin à toute sa cour, Salomé, fille d'Hérodiade entra dans la salle, et y dansa devant tous les convives. Cette danse honteuse plût tant à Hérode, qu'il promit à Salomé, avec serment, de lui donner tout ce qu'elle demanderoit, quand ce seroit la moitié de son royaume. Elle courut à l'instant en avertir sa mère, et par son conseil, elle vint demander la tête de Saint Jean - Baptiste.

Hérode en fut fâché, cependant il envoya un officier dans la prison, trancher la tête du Saint. On l'apporta sur un bassin à Salomé, et son indigne mère lui perça la langue avec une aiguile.

St. GEORGE.

St. GEORGE.

Le nom de ce grand Saint est très-célèbre, il était de Cappadoce, et avait d'abord fait profession des armes, ensuite il embrassa la religion catholique.

L'empereur Dioclétien, ayant résolu de faire mourir cruellement tous les chrétiens, et Saint George accusé devant lui, il le fit conduire pour le sacrifier à l'idole d'Appollon; mais le saint rejetta avec horreur la proposition qu'on lui fit, et au même instant l'idole tomba en pièces ; cela irrita les ministres des faux dieux, qui, le traitant de magicien , supplièrent le magistrat de le mener promptement au lieu du supplice , où il subit le martyr.

On lui attribue plusieurs miracles.

St. SÉBASTIEN.

———

Saint Sébastien na-
quit à Narbonne et fut
élevé à Milan , dans
une école chrétienne

Il vint à Rome, et par sa prudence, se fit tant estimer des empereurs, Dioclétien et Maximien, qu'ils lui donnèrent les emplois les plus considérables de leurs gardes.

Sous un habit de soldat, Saint Sébastien travailloit à la conversion des payens, avec qui il était obligé de converser, et affermissait dans la loi ceux qui souffraient le martyre pour la défense du Christianisme, cela fut la cause que le pape lui donna le nom de défenseur de l'église.

Sa foi fut découverte à Dioclétien, qui, l'ayant fait venir, lui fit des reproches, et, ne pouvant souffrir les réponses du Saint, il le livra entre les mains des archers, avec ordre de le percer de flèches de tous côtés.

L'ordre de l'empereur contre Saint Sébastien fut exécuté au point que ses bourreaux le laissèrent pour mort.

Mais, guéri de ses blessures, il retourna vers l'empereur et lui reprocha sa facilité à persécuter les chrétiens. Ce prince le fit mener dans le cirque de son palais où il fut tué à coups de bâtons.

SAINTE
MARIE - MAGDELAINE.

—

Sainte Marie Magde-
laine naquit à Magdâle,
bourg de la Galilée ;
elle était possédée de

sept démons que notre seigneur Jésus - Christ chassa , alors elle suivit son libérateur , pour écouter ses instructions et pour l'assister de ses biens. Elle ne redouta point la croix , car elle se trouva avec la Sainte Vierge au crucifiement de Jésus-Christ , et fut présente aussi à son ensévelissement.

Etant allée le diman-che pour embeaumer

le corps de son divin maître, elle le trouva non pas mort mais vivant et glorieux.

Ce fut elle la première qui vit notre Rédempteur après sa résurrection ; mais il lui-défendit de le toucher et il lui ordonna d'annoncer cette apparition aux apôtres.

Elle suivit ensuite la Sainte Vierge à Ephèse où elle mourut. On croit qu'elle fut martyrisée.

SAINTE AGATHE.

SAINTE AGATHE.

La première des quatre martyres d'Occident, naquit en Cicile de parens nobles, et elle préféra J-C. à la vaine gloire du monde.

Le gouverneur Quintien, qui résidait à Catane, homme avare et impudique, voulant corrompre la chasteté de cette Sainte Vierge, la fit mettre entre les mains d'une femme débauchée, qui, au bout d'un mois, témoigna qu'on amollirait plutôt un rocher que d'ébranler la sagesse de cette Sainte. Ensuite cet homme pervers fit paraître Agathe devant lui comme chrétienne, et lui ordonna de sacrifier aux idoles, suivant les édits de l'empereur Déce; mais elle lui demanda comment on pourrait adorer des divinités auxquelles on ne voudrait point ressembler. Quin-

tien voyant sa résistence
la fit mettre en prison.

Le lendemain ce gou-
verneur se la fit ame-
ner et lorsqu'il la pres-
sait de sauver sa vie en
renonçant à Jésus-Christ
elle lui repartit: *Hé J.-C.
est ma vie et mon salut!*

Alors il la fit tour-
menter sur le chevalet;
on la fouetta cruelle-
ment, on la déchira
avec des ongles de fer
et on lui brûla les côtés.
On en vint aussi jusqu'à

lui tenailler une mamelle et à la lui couper; mais cette plaie fut miraculeusement guérie la nuit suivante. Quintien ne fut pas touché de cette guérison miraculeuse, car il la fit rouler toute nue sur des têtes de pots cassés et sur des charbons ardens.

Elle expira peu après dans la prison, remportant la couronne de la virginité et du martyr.

S.ᵀᴱ CATHERINE.

Sainte Catherine naquit à Aléxandrie, de parens riches, et son père était payen.

Toute jeune, elle ne trouvait

ses délices que dans la parole de Dieu.

N'ayant que dix - huit ans , elle confondit cinquante philosophes , à qui elle prouva la vérité de la foi catholique.

Elle refusa d'être épouse de l'empereur Maximien, elle convertit même l'impératrice et Porphyre général d'armée.

Elle tira de son étude en la parole divine, une telle force qu'elle ne craignit point de parler ainsi au tyran Maximien :

Tu peux, dit - elle, *me faire souffrir tous les maux que tu voudras, car plus tu me feras souffrir, plus tu me prépareras de gloire.*

Aussi endura-t-elle pour J.-C. les prisons et les fouets, elle vit avec joie couler son sang de toutes part ; puis, l'empereur, voyant qu'il ne pût parvenir à ébranler sa fermeté, fit dresser une roue pleine de rasoirs et de pointes : mais cette roue fut brisée, par une vertu invincible, lorsqu'on était sur le point de la faire agir.

Alors le tyran se voyant vaincu lui fit trancher la tête, et son corps fut transporté par les anges sur la montagne de Sinaï.

SAINTE CÉCILE.

Sainte Cécile, née à Rome
de parens nobles, fut élevée
dans les principes de la religion
chrétienne, dont elle remplit

constamment tous les devoirs.

Elle avait fait vœu de virginité ; Valérien qui l'avait
toujours aimée, fit de vains ef-
forts pour l'épouser, et faisait
déjà entendre les concerts et les
symphonies, se persuadant de
l'avoir pour sa femme. Mais
la Sainte de son côté chantait
dans son cœur ces paroles : *Que
mon cœur et mon corps demeu-
rent toujours purs devant Dieu,
afin que je ne sois point confondue.*

Sainte Cécile portait toujours
l'évangile sur sa poitrine. Un

jour elle dit à Valérien qu'elle avait un ange qui gardait son corps et qu'elle craindrait pour lui s'il la voulait toucher. Valérien, pour croire, la pria de lui faire voir cet ange; puis s'étant fait baptiser pour en être digne, il le vit, et souffrit peu après le martyre avec son frère Tiburce.

Sainte Cécile qui ne voulut point dire où étaient leurs biens pour les prodiguer aux pauvres, irrita contre-elle le préfet, qui lui fit trancher la tête, vers l'an 230.

Les musiciens ont choisi cette Sainte Vierge et martyre pour patronne, parce qu'en chantant les louanges du Seigneur, elle joignait la musique instrumentale à la musique vocale.

St. ROCH.

St. ROCH.

Né à Montpellier, perdit ses Père et Mère à l'âge de 20 ans ; il alla à Rome en pélérinage et s'arrêta en plusieurs villes d'Italie, qui étaient affligées de la peste, et s'employa à servir les malades dans les hôpitaux.

A son retour de Rome, il s'arrêta à Plaisance, où cette maladie régnait alors ; Saint Roch en fut frappé lui-même ; et, contraint de sortir de la ville, il se retira dans une forêt où le chien d'un gentil-homme voisin, nommé Gothard, lui apportait tous les jours un pain.

Guéri de cette contagion, il retourna à Montpellier, où il mourut, cinq ans après, en 1327.

St. NICOLAS.

Saint Nicolas naquit à Patare en Lycie, où il fit beaucoup de bien, particulièrement par ses aumônes.

Il était d'une illustre famille.

et après la mort de ses parens, il donna la plus grande partie de son bien aux pauvres.

Les écoliers invoquent St. Nicolas comme leur patron, il est aussi le modèle qu'ils doivent imiter pour bien vivre.

Un jour il donna à un gentil-homme, une somme pour dôter trois de ses filles qui étaient sur le point de se prostituer pour avoir de quoi vivre.

Ce St. libérateur apaisa une tempête furieuse et rendit la vie à un matelot.

Il fut fait évêque de Myre; le zèle qu'il témoigna pour le bien de son troupeau, fit qu'il fut envoyé en éxil par les édits des barbares Dioclétiens et Maximien. Il mourut l'an 326.

St. DONAT.

St. DONAT,

Fit une infinité de miracles, dont voici un des principaux : Marc-Aurèle, empereur, assiégé dans son camp par une multitude de barbares, se voyait perdu ; il avait attendu en vain du secours de ses fausses divinités, lorsqu'à la prière de Donat, chef d'une légion toute chrétienne, appelée Mélitine, un furieux orage, accompagné de foudres et d'éclairs, fondit sur ces barbares et y jeta le plus affreux désespoir, qui fut suivie d'une défaite entière.

Ce service signalé, rendu à l'empire, ouvrit à Saint Donat une carrière d'honneur et d'élévation, où sa religion ne lui permit pas d'entrer : il préféra le martyre à tous les avantages du siècle.

St. ÉLOY.

St..Eloy , naquit à Cadillac ,
près de Limoges , en 588 ; il fut
élevé chez un orfèvre et réus-
sit admirablement dans cet em-
ploy.

Etant venu à Paris, il travailla pour le roi Clotaire et pour Dagoberd son fils et successeur ; mais en servant les grands de la terre il servait principalement le roi du Ciel.

On le tira de ce poste, pour le mettre sur le siège de Noyon, en 640.

Il fit beaucoup de libéralités, et prêcha le christianisme à des peuples idolâtres. Ce St. évêque avait une dévotion particulière à racheter les captifs ; il se laissait manquer de tout pour les secourir et s'endettait même quand l'argent lui manquait. Enfin il finit sa carrière l'an 659, âgé de 71 ans.

Ste. APOLLINE.

Les persécutions contre les chrétiens, étaient si fortes à Aléxandrie , vers l'an 249 , que parmi les fidèles qui y furent arrêtés , se trouvait Apoline , Vierge , que son grand âge et ses vertus rendaient également recommandable.

Les ennemis de la foi catholique s'emparèrent de cette Ste. et lui cassèrent tous les dents par la violence des coups qu'ils lui déchargèrent sur le visage, ce qui ne fit qu'augmenter sa ferveur et sa piété.

Alors on alluma un feu hors de la ville et on la menaça de la jeter dedans, si elle refusait de proférer certaines paroles impies ; elle demanda quelques tems, comme pour délibérer sur le parti qu'elle avait à prendre ; mais on ne l'eut pas plutôt laissé en liberté, que, pour convaincre les persécuteurs que son sacrifice était volontaire, elle se jeta elle-même au milieu des flammes, où elle rendit son ame au Seigneur.

STE. MARGUERITE.

La fille d'Edouard IV, roi
d'Angleterre, nommée Mar-
guerite, s'accoutuma de bonne-
heure à mépriser les vanités du
monde, et à renoncer à tout

ce que le siècle a de plus flatteur:
la beauté de son esprit et de
son corps ne pouvait manquer
de la rendre agréable aux hom-
mes ; mais elle ne cherchait
qu'à plaire à Dieu , et passait
les journées entières à la prière
et dans les exercices de piété.

Elle fut mariée à Malcome ,
roi d'Ecosse , qu'elle édifia par
ses éminentes vertus , elle le
porta à rétablir la justice et à
rendre la religion florissante
dans ses états.

L'exactitude avec laquelle
elle s'acquitta de ses devoirs,
envers ses enfans, est un modèle
parfait pour toutes les Mères
chrétiennes.

Sa charité et sa tendresse pour
les pauvres et les malheureux
n'avaient point de bornes ; elle
était sobre , et laissait les repas

de la cour pour se repaître d'un peu de pain ; enfin tout le tems de sa vie fut, pour ainsi dire, un jeûne continuel, ce qui l'affaiblit tellement qu'elle mourut à la fleur de l'âge, à sa quarante-septième année, le 16 novembre 1093.

STE. CHRISTINE.

———

Elle était fille d'Urbin, magistrat puissant et riche, qui faisaitconsister sa fausse religion à avoir une grande quantité d'idoles d'or. Cette Sainte, les mit en pièces et en donna les morceaux aux pauvres. Son Père entra alors dans une étrange colère , il la fit déchirer de coups , et jeter dans une noire prison.

Après que son corp fut tout déchiré, par la violence des bourreaux , elle fut attachée à une roue , sous laquelle on alluma un grand feu : mais, par un miracle inoui , ce feu ne lui fit aucun mal , et ne servit qu'à renverser ceux qui étaient présent.

Enfin elle survécut à son Père, qui mourut de dépit , et étant passée entre les mains de deux autres magistrats , successeurs de son Père, et aussi barbares que lui, qu'ils se succédèrent, la firent souffrir et l'exilèrent infructueusement d'abandonner la religion catholique, pour en embrasser une fausse.

Adon, le dernier des deux magistrats, las de la solliciter, lui fit achever son martyre par des tourmens inouis, et l'ayant fait attacher à un arbre, les bourreaux la firent mourir à coups de flèches.

Cette Sainte souffrit tous ces tourmens avec une résignation Sainte, n'envisageant que l'amour de Dieu ; aussi alla-t-elle jouir, après la mort, du bonheur éternel.

Sᴛ. HUBERT.

St. HUBERT,

Evêque de Maëstricht succéda à St. Lambert, et en transportant le corps de son prédécesseur de Maëstricht à Liège, il y transféra aussi son siège épiscopal.

Ce St. Evêque prêcha la foi en Ardennes et y convertit beaucoup de payens, ce qui lui mérita le nom d'Apôtre de ce pays.

Il délivra une femme possédée du démon.

Par une petite prière, il étaignit le feu qui brûlait sa maison.

Ses serviteurs, par son commendement, pêchaient au village de Nivelle; une tempête violente renversa leurs bâteaux et les enfonça dans les eaux. St. Hubert en étant averti se mit en prière et dit : Seigneur Jésus qui avez marché sur les eaux à pieds secs et avez arrêté les vents furieux, ayez pitié de vos serviteurs. A peine eut-il fini sont oraison, que tous ses condisciples furent délivrés de cette dangereuse situation.

Enfin St. Hubert mourut à Tervueren en 727 ; l'évêque Walcandus et Louis le Débonnaire transportèrent son corps en Ardennes, à l'abbaye d'Andain, qui porte aujourd'hui son nom.

C'est dans ce monastère qu'on mène ceux qui ont été mordus des chiens enragés.

STE. BARBE.

Cette Ste. Vierge était fille de Dioscor, un des plus fameux sectateurs du Paganisme.

Ce Père barbare n'ayant pu, ni par caresses, ni par menaces, lui faire abandonner la foi de

Jésus-Christ, l'accusa devant les juges, de ce qu'elle était chrétienne ; et ce Père cruel, ne bornant point sa colère et sa méchanceté à entendre l'arrêt de la mort contre sa fille ; il voulut encore lui-même être son bourreau et lui trancha la tête, à Vicomédie sous Maximien, l'an 240.

SAINT FRANÇOIS
DE SALES.

St. François, né l'an 1567,
dans le château de Sales, au
diocèse de Genève, était fils
de François, comte de Sales,
et de Françoise de Sionas,

tous deux d'une naissance illustre et d'une éminente piété.

St. François fit ses premières études à Annecy, delà il fut envoyé à Paris, où il les acheva chez les Jésuites. On ne le voyait guère ailleurs qu'au collège et à l'église : celle qui fréquentait le plus était Saint Étienne d'Eyrès, et il y fit vœu de chasteté.

Son Père le rappella de Paris, après dix ans d'étude, l'envoya à Padoue, où était alors la plus fameuse école de droit.

Dieu permit qu'il fût exposé à de grands dangers, par les pièges que les libertins lui tendirent ; mais il en sortit intacte par le secours du Seigneur.

Son Père et sa Mère voulurent le marier avantageusement ,

mais François refusa , en leur déclarant le vœu qu'il avait formé : alors le comte et la comtesse de Sales consentirent à ce qu'il embrassât l'état ecclésiastique.

Ses succès répondirent à ses travaux . il gagna à l'église plus de 70 mille héritiques , depuis 1592 jusqu'en 1602 , qu'il fût évêque , ce fut alors qu'il ramena des ames à l'église ; l'an 1622 , ayant eu ordre de se rendre à Lyon , où le duc de Savoye devoit voir Louis XIII, il fut frappé d'appopléxie le 27 décembre , et mourut le lendemain , âgé de 56 ans.

FIN.

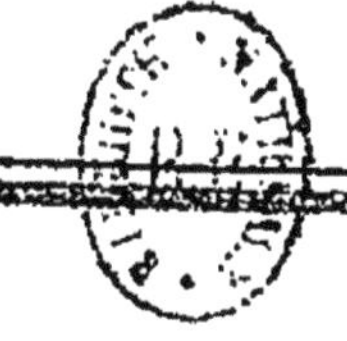

ON TROUVE
CHEZ LE-MÊME LIBRAIRE.

ABÉCÉDAIRE Français, ou leçons tirées de
l'histoire de France, orné de 31 jolies fig.
— Le même, avec les fig. coloriées
Abécédaire moral, ou leçons tirées de
l'écriture sainte, orné de 31 jolies fig.
— Le même, enluminé.
Abécédaire utile, ou Petit Tableau des
Arts et Métiers, orné de 26 fig.
— Le même, enluminé
Abécédaire instructif et amusant, conte-
nant des Fables, des fragmens d'His-
toire naturelle, etc. orné de 26 fig.
— Le même, enluminé.
Le nid de Fauvette, ou Abécédaire con-
tenant des Leçons tirées de l'Histoire
naturelle des Oiseaux.
— Le même, enluminé.
Abécédaire figuratif, orné de 26 fig.

On trouve aussi un assortiment complet
de livres d'Écoles, et de Prières, Papiers
et Plumes de toutes qualités ; Encre,
Crayons Cire et Pains à cacheter,
Gomme élastique, Sandaraque, Poudre
brillante pour l'écriture, Encriers,
Modèles d'écriture ; Papiers de toutes
couleurs, Doré, Argenté, etc. Jeux d'Oye
et de Loto, Images de plusieurs sortes ;
Clinquant, Cartes de visites, Billets pour
Caramels, &c. &c.

www.ingramcontent.com/pod-product-compliance
Ingram Content Group UK Ltd.
Pitfield, Milton Keynes, MK11 3LW, UK
UKHW020019100726
13658UKWH00002B/985